시네마천국

시네마천국
김종원 시집

시집을 내며

일찍이 시를 쓴답시고 밤을 설친 일이 있었다. 중학교 3학년 때였으니 1952년 열여섯 살 때였다. 그렇게 쓰기 시작한 것이 고향의 일간지 《제주신문》에 게재된 「비탈길」이라는 시였다. 이를테면 처녀작인 셈이었다. 이에 힘입어 같은 해 12월 피난지 대구에서 창간한 중고등학생 잡지 《학원》에 「국화는 피어도」가, 그리고 이듬해인 1953년 7월에는 「봄」이라는 시가 《소년세계》 제1회 문학상에 우수작으로 선정되어 은메달을 받았다. 각기 조지훈 시인과 이원수 아동문학가에 의해 뽑힌 것이었다. 특히 「국화는 피어도」는 조지훈 선생이 언급했듯이 《학원》지가 창간되고 최초로 뽑힌 시였다. 이런 습작 시대를 거치는 동안 나는 고등학교 때까지 폐를 갉아먹는 고통을 감내해야 했다. 그러다 보니 자연히 처방받은 '나이드라지드'를 끼고 살지 않으면 안 되었다.

나는 이런 투병기를 거쳐 대학 2학년과 4학년 1학기 때 월간《문학예술》과《사상계》의 추천으로 문단에 나올 수 있었다. 이렇게 시인이 된 것이 어느새 예순 네 해가 되었다. 그동안 나는 『강냉이 사설辭說』(1970)과 『광화문행』(1988), 두 권의 시집밖에 내놓지 못했다. 시를 쓴 연륜에 비해 초라한 실적이 아닐 수 없다.

『광화문행』 이후 35년 만에 내놓는 세 번째 시집 『시네마천국』에는 '영화에의 헌사' 등 영화 관련 시편을 비롯한 '자연과의 교감' 등 모두 다섯 묶음, 73편으로 구성했다. 여기에는 첫 시집 『강냉이 사설』과 두 번째 시집 『광화문행』에 들어가지 않은 「네온의 물결 속에」(『현대시학』 1966년) 등 두 편이 추가되었다. 끝으로 과분한 발문으로 초라할 뻔한 이 시집을 빛내게 해준 영화평론가 문학산 교수에게 감사의 마음을 전한다.

이 시집은 한상언 대표의 제의와 배려가 없었다면 빛을 보지 못했을 것이다. 각기 흩어져서 미아가 됐으리라. 내 시들아 미안하다. 한 대표, 고마워요.

2023년 추석에
김종원

차례

시인의 말   004

제1부
영화에의 헌사

시네마천국   012
백조의 호수   014
미셀을 위한 사랑의 변주곡   016
서울 러브스토리   020
겨울 별 아래서   022
동화의 별   024
사라진 실낙원의 별   025
이미 역사가 된 당신   029
섬을 넘어 뭍에 떠오른 이 시대의 광대   032
천상의 신 형에게   034

제2부
인생과 가족

네온의 물결 속에   038
옛이야기   040
세상에 다시 태어나면   041

별똥 일기	042
사진첩에서	043
인생은	044
예순 번째 여는 세상	045
다섯 살 손녀 앞에선	047
외계의 들꽃	049
새벽의 한복판에서	050
친구여, 어느새 우리에게 가을이	052
꿈결에	056
거울	057
버리는 연습	058
딸에게	060
스쳐 가는 것은 아름답다	061
여보게 친구	062
고무풍선	063
이승에 머무는 동안	064
한여름 밤의 꿈	065

제3부
자연과의 교감

동백꽃	068
세밑에	069
연의 우화寓話	070
귀뚜라미	071

활주로에서 (1)	072
활주로에서 (2)	073
활주로에서 (3)	074
은행나무	075
올레(제주 사투리로 쓴 시)	076
올레	078
내가 아직 불씨였을 때	080
꽃과의 결별	081
고사리를 꺾으며	082
매미	084

제4부
생활과 사유

화장하는 여인	088
별타령	090
나팔수	091
삼월은 우리에게 무엇인가	092
아직도 강북에서	093
남은 한 장 달력만큼의 덤으로	096
은박지	097
못의 모놀로그	098
요즘 세상	100
신사동	101
세기말의 봄	103

잠결에	106
이력서	107
귀이개	108
섬까지 흔들게 한 젊은 깃발	109
설거지를 하며	111

제5부
바다와 여행

홍도 판타지	116
동해에서	118
캠프파이어	119
책갈피의 여름	120
요술의 바다	121
자정의 바다	122
그 가을의 바다	124
열여덟 해의 바다	125
얼음의 바다	126
중국 서안에서	127
두만강은 차라리 개천이구나	128
에게해를 지나며	129
안개	131
홍콩의 바람	132
해설	문학산	135

제1부
영화에의 헌사

시네마천국

Ⅰ.

뱃고동이 앗아간 망향의 부두도
안개 낀 카사블랑카의 공항도
노를 젓다 만 운하의 노천극장도
불 꺼진 뒤엔 삭막하게 잠기지만

그것은 아주 꺼진 것이 아니다.
새 날을 여는 축복의 불꽃처럼
어둠 속에서 쓸쓸히 지켜본
연인의 창문처럼
그것은 정녕 닫힌 것이 아니다.

귀여운 성당의 염탐꾼 토토야
인생이란 달콤한 영화와는 다르다.
어깨너머 본 사각四角의
세상과는 다르다.

이 나라에선 아픈 과거도
감미로운 오늘의 이야기로 태어난다.

여기에서는 어른이 되어도
여전히 철부지로 남는다.

Ⅱ.

오늘 시칠리 섬에 갔다가
우연히 만난
나의 어린 날.

불야성처럼
눈부신
유채꽃 섬 마루.

철조망 들치고 들어간
슬픈 활동사진이여.

백조의 호수
-마이라에게-

사랑이 얼마나 위대한가를
그대는 혓바닥이 아니라
작지만 큰 몸놀림
육체의 언어로 뜨겁게 달구어 냈더니라.

서 있는 것이 아닌 발끝 하나의 지상과
사르는 것이 아닌 눈빛 한 점의 공간과
떠 있는 것이 아닌 손끝 마디의 천상과
태우는 것도 아닌 열락의 시간 속에서
고통의 날개 은빛 춤사위로 어우르며

그날 워털루 다리 스친
인연의 옷깃
저무는 한 해 아쉬운 축배로 사른
테임즈 강변의 촛불
안개 속으로 사라진 그대여

한밤에만 사람으로 태어나는
이 슬픈 업보
깨닫는 이 있어

목숨 던져 마법에서 풀어 줄까.

한데 어우러지기 위해 잠시 흩어지고
서로 벗어나기 위해 제자리 돌며
눈높이보다는 외다리로 딛고 서서
무한의 하늘 하얀 울음의 물살로 가르는
멋진 독무 한 마당

사랑의 힘이 얼마나 강한가를
그대는 육신이 아니라
크지만 깊은 영혼의 갈기로 세우며
무섭게 갈아냈더니라.

미셸을 위한 사랑의 변주곡

 1. 화답

어느 날 밤샘을 하다가
운명처럼
손에 잡힌 그대
저문 길
풀무의 바다에서 만난
부끄러운 비닐하우스
장미의 진물이여
현란한 마법의 상자
피의 애무여
영원한 우리들의
퐁네프 다리여.

 2. 불꽃놀이

당신이 사랑하는 그대
내가 열망하는 당신을 위해서만
혼절하리.

우리들 서로를 위해서만
심연의 춤을 추리.
지금은 나락도 두렵지 않은
축배의 시간
지상의 어떤 것과도 바꿀 수 없는
그대의 한 쪽 눈 되어
불꽃으로 터지리.
당신의 하늘에만 머무는
여명이 되리.

  3. 눈이 멀기 전에

네가 무등을 탔을 때
깊이 잠들었던 미술관은
썩어가는 육신의 창문을
활짝 열어 주더라.

촛불에 얼굴을 내민
렘브란트의

암갈색 유혹 앞에서
너의 소망은 해갈되었지만

열린 자궁 아래서 상기한
노인의 거웃이
염치없이 일어서고
나는 몸살을 앓았지.

풀리지 않은 바깥세상도
해묵은 문지기의 열쇠처럼
맘대로 열 수만 있다면
얼마나 좋겠니.

4. 아틀란티스

우리들의 해돋이 섬은 어디인가
이 강을 거슬러 가면
진정 고해苦海는 끝나는가.

댄 상처는 여태 아물지 않았지만
닻 내릴 여로의 끝
그 축복의 항구에는 언제 닿는가.

발가벗고도 부끄럽지 않은 나라
눈부신 우리들의 아틀란티스는
이제 얼마 남았는가.

세상의 갖은 시름 뱃머리에 거두어
깃발처럼 날리며 떠나는
해질녘 모래 채취선.

서울 러브스토리

눈 내리는 공원에 들어서면
사방에서
너의 목소리가 들린다.

-사랑이란
  결코 후회하지 않는 거예요.

눈 속에 뒹굴던
슬프도록 흰
연인들의 장소

그러면
난
어떻게 대답해야 하나.

빛바랜 말장난으로는
지탱할 수 없는
사랑의 무게.

하지만

너를 위로할 수 있다면
기꺼이 말해 주지.

-너에게는
　사랑보다 소중한 죽음을 주마.

넉넉한 가슴보다
더 믿음직스런
이 간교한 혓바닥.

바람 부는 빈 교정에 서면
어느새 센트럴파크의 눈발이
입김처럼 날린다.

겨울 볕 아래서
-〈길〉을 회상하며-

몇백억 광년의 별로부터
날아온 빛을 쬐며
한 줌밖에 안 되는
인생 말한다는 게
얼마나 가소로운 일이냐.

소슬바람으로 와서
열한 살 교실 창가에
부끄러운 점심 도시락
가득 채워놓고 달아나던
시골 운동장의 한여름 지열에도

세상의 볼품없는 돌멩이 하나라도
쓸모 있다는 깨우침
가슴 깊이 새기며 돌아간 낡은 삼륜차
그 지친 어릿광대의 어깨 위에
부서지는 검은 햇볕에도
아무 감흥 없이 살아오게 되더니

이제 염치없이 세월만 축내

겨울 한낮 문밖을 나서다가
한순간 스치는 눈발의 볕을 보고도
절로 경탄하게 되는 이 철 늦은 감상은
얼마나 부질없는 짓이냐.

어릴 적 기워 신던 양말처럼
정겨운 감촉
반나절을 달리는 산행의 차창 틈새로
빠끔히 고개를 디미는
동짓달 눈부신 억겁의 살갗 한 오라기.

동화의 별

오래전부터 사람들은
양팔을 벌리고
힘겹게 다리를 뻗고 서 있는
다섯 개의 뿔의 형상을
사방에 한 줄 삼각형으로 그려놓고
왜 하필 별이라 불렀을까.

백 년 전 최초의 공상과학영화
'달나라 여행'을 만든
마술사 출신 조르주 멜리에스도
자신의 회사 이름을
스타필름이라 붙이고
이런 별을 상표로 내세웠지.

그런데 내가 간밤에 꾼 꿈속의 별은
활같이 휘인 온통 금광의 초생달.
하지만 아무도 눈길 한번 주지 않고
수평선에선 돛대부터 떠오르지 않는 곳,
수천 광년의 우주에서는 이 지구도
다섯 뿔 가진 예삿별로 보일까.

사라진 실낙원의 별
-홍성기 감독 영전에-

홍성기 감독님, 당신은 분명 불꽃이었습니다.
허리 잘린 분단의 땅에서
마지막 심지를 돋우며
꺼져가는 순간까지 찬란하게 타오른
은막의 촛불이었습니다.

지는 노을 유난히 붉듯이
그 눈부신 광명의 한복판에서
당신이 운명하실 때
서울의 SBS 전파는
육십 년대 초 민족의 설날 앞두고
누구보다도 먼저
대형 색채화면 시대를 열며
영화가 대중의 중심임을 환기시킨 한 작품
'춘향전'을 내보내고 있었습니다.

한때는 외로웠으나 청사초롱으로 불 밝힌
남원 어사 출두
당당한 금의환향의 길
이는 그동안 당신이 연출했던

그 어떤 영화보다도 극적인 귀결
정말 운명적인 동반의 승화였습니다.

홍성기 감독님,
비록 스무 해 전 '내가 버린 여자 2'로
사실상 현장에서 떠난 셈이지만
당신이 세상에 남긴 자취는
한국영화사에 기록될 천만 근의 무게였습니다.

40년대엔 '여성일기'에서 첫 색채영화의 시도를,
50년대는 '산 넘어 바다 건너'를 통한
최초의 방송드라마의 영화화를,
60년대에 들어서면서는 '길은 멀어도'로
최초의 이탈리아, 프랑스 로케 촬영을 단행하여

선험적 의지로 우뚝 설 수 있었던
검증받은 상표
영화전성기의 멜로드라마의 표상이여
실낙원의 별이여

'여성일기'에선 육영사업에 눈뜬 한 여자의 삶을,
'출격명령'에서는 공군 파일럿의 사랑과 전우애를,
'길은 멀어도'에선 청년 작곡가와 성악가의 시련을,
'애인'에선 한 여자를 둘러싼 두 사나이의 갈등을
특유의 접근과 정감으로 그려
대중들의 사랑을 한 몸에 받았던 당신.

그러나 이십일 세기를 맞이한 오늘
이 나라에는 당신이 평생 이룩한 삼십여 편의 결실 중
'열애'를 비롯한
'춘향전''길은 멀어도''내가 버린 여자 2' 등
고작 다섯 편의 필름만 남아
우리를 쓸쓸하게 합니다.

홍성기 감독님
내가 이십대 청년시절에 국도극장에서 봤던
추석 대목 프로 '에밀레종'
그 애잔한 종소리의 여운과
화면에 절절이 녹아나던 석공의 장인의식
'실낙원의 별'에 아로새긴

아름다운 사랑의 초상화는
정녕 포기해야만 합니까.

당신은 분명 불빛이었습니다.
나라는 섰으나 갈피 잡지 못했던 은막의 세상에서
사람의 흥 돋우려 신명 난 춤 한판 벌이다 간
한 시대의 놀이꾼
대중영화의 전도사였습니다.

이미 역사가 된 당신
-유현목 감독님을 보내며-

역사란 결코 만만한 게 아닌데
당신은 이미 살아생전에 역사였습니다.
그때 나는 갓 스물네 살이었습니다.

4.19 학생 혁명의 격랑이
채 사그라지지 않는 1961년 5월16일,
군화가 짓밟고 지나간
서슬 퍼런 광화문 거리 국제극장에
겁 없이 고개를 내민 영화 간판 하나.

오오, 동강난 산하
실성한 해방촌의 '오발탄'이여.
실향민의 설움으로 빚은
분단시대의 절규
사실주의 영화의 정점이여.

나는 정말 몰랐습니다.
그때 걸린 영화 한 편이
이렇게 큰일 낼 줄은.

하고많은 날 중에 아내가 태어난 날
여든넷 고개 힘겹게 버티다가
목숨의 동아줄 놓아버린 당신.

이제 멋진 은발 날리며
오곡백과가 영글고
전국의 거지 장사치가 모여들던
풍요로운 황해도의 너른 땅
신명 난 봉산 탈춤 판이 벌어지는
몽매 그리던 사리원으로 돌아가
당신은 무등이라도 타고 있을까요.

그 세상은 분단이 없는 곳.
'오발탄'의 고달픈 가장처럼
대학병원에 갈까, 치과에 갈까
더 이상 망설이지 않아도 되는 곳.
'잉여인간'의 생선장수 아낙네처럼
동태에 바람을 불어넣지 않아도 되는 곳.
'순교자'의 신 목사처럼 모질게
신앙을 시험받지 않아도 되는 곳.

역사란 함부로 이루어지는 게 아닌데
당신은 진작 그어진 역사였습니다.
어느새 나도 일흔 살이 훌쩍 넘었습니다.

섬을 넘어 뭍에 떠오른 이 시대의 광대
-고두심의 연기생활 30년을 기리며-

고향은 언제나 그대의 화두였어라.
일찍이 마파람 뱃길 떠나
어지러운 뭍의 하늘 아래 살아도
마음속엔 늘 제주 바다 출렁인 가슴앓이였어라.
제 하나 잘못된 행동거지 제주 사람 허물 될까봐
조심조심 앞뒤 살피며 살아온 분바른 삼십년 인생.
그대 자랑스런 이 시대의 광대여.

두어 마디 대사에도 혼을 사르고
손끝에 피가 맺히도록 장구채 두드린
솔왓동산 여고 시절
그때 익힌 춤사위 허구의 용광로로 녹이며
놀라워라, 그대 앙칼진 변신의 마술.

심성이 고와 말斗로 베풀고
되로도 못 받는 너그러운 마음心 지녀
이름마저 두심인가.

만에 하나 남자로 태어났다면
정말 큰일 낼 뻔한 여자

종가집 며느리 같은 넉넉한 어진 모성이여.

세월이 흘러도 그대는 여전히 곱구나.
예전의 산짓물 같은 맑은 눈빛으로
스스럼없는 제주 사투리의 억양으로
얼굴보다 아름다운 가식 없는 성품으로
두둥실 떠올랐어라.
뒤돌아볼 새도 없이 외길 달렸어라.
멀리 왔어라.

천상의 신 형에게

그곳에 가보니 어떻습디까.
살만하던가요?
신 형이 떠난 지 어느새 사 년여.

보험이란 말 익숙지 않던 시대에
이 일 맡으며
많은 식솔 돌봐야 했던 중년의 가장
김승호 아버지는 당신을 알아보던가요?
그때 신 형은 고등학생인 둘째 아들
은막의 신출내기였지요.

참, 당신은 다대포 해변에서
멋진 키스 신을 보여 주었지.
연상의 미망인을 사랑한
지배인 청년 하지송
사실상 당신의 출세작.
그때의 이민자는 잘 지내던가요?

부유한 여대생을 사랑했으나
더불어 죽어야 했던 젊은 날의 분신

허름한 달구지에 실려 가는 눈 쌓인 광야에서
볏단 사이로 드러난 초라한 모습 가리려
자신의 신발 벗어 신겨준 맨발 청춘의 의리
트위스트 김은 잘 있던가요?

낙엽 지는 창경원 벤치에서
사흘을 십 년의 무게로 쌓은 만추의 언약
그때 당신들의 버버리 코트는 참으로 멋있었지.
하지만 당신이 문정숙과 지키지 못한 사랑이
허언이 아니었음을 말할 기회를 늦게나마
갖게 됐으니 얼마나 다행스런 일입니까.

천상에 가보니 어떻습디까.
그동안 신 형이 들려준
속세에서의 귓속말은 잊기로 했습니다.

제2부

인생과 가족

네온의 물결 속에

꽃 흥정에 무작정 헤맬 수는 없지.
눈 내리는 소공동을.
만화가 이 형은
청주산.

일요일이면 내 하숙방을 찾아오는
반가운 손님.
어쩌다 술기가 오르면
젊음을 경매하지.

입심은 한 말도 넘는 주량인 걸
누가 모르나.
명동을 한 바퀴 돌아
미도파 앞 합승 정류장에 이르면
겨울은 동전처럼 굴러가는데

어떻게 동행이 됐길래
재채기를 하며 이까지 왔나.
알 듯 기억에 없는
까만 스카프의 여인,

여기 모두들
미아처럼 흘러가는
네온의 물결 속에.

옛이야기

나로 하여금
긴 편지를 쓰게 한
비누 거품 풋사랑은
어디에 숨었을까.

서른 해가 넘도록
부끄러운
석류나무 집
그 들창.

어린 한때
문풍지가 대신 울어준
가슴앓이
나의 술래야.

세상에 다시 태어나면

저승에 반쯤 들어선
나이에 이르면
모든 것이 새롭게 보인다.

이 해가 지나면
나의 봇짐은
얼마나 가벼울까.

오늘 잠시 타관에 와서
이승의 절반을 벗어나는
저녁 종소리를 듣는다.

세상에 다시 태어나면
너를 위해
이름 모를 들꽃으로 피마.

별똥 일기

며칠 별러
밀린 원고 쓰고 난 밤에는
잿빛 서울에서도
별이 보인다.

묵은 변 후련히 보고 난 뒤
서재의 창을 열면
먼 바다 무릎 베고 누운
할머니의 동화가 들린다.

출가한 외동딸 신행 다녀간
가슴 아린 신사동
백삼십 번지 골목길
백색 승용차에 실려 간 그날의 별똥별.

사진첩에서

아기가 잠잘 때
세상은 온통 눈밭이다.
굴러도 굴러도 하얗기만 한
눈덩이다.
굴렁쇠의 바람개비다.

그러나 아기는
아주 잠든 것이 아니다.
어머니가 끌어 올리는
두레박줄에 매달려
달과 숨바꼭질을 하고
방긋방긋 옹아리 하고

아기가 보채는 것은
내가 여기 있노라,
일깨우기 위함이다.
좀 더 밝게 자라 세상으로
훨훨 날아가기 위함이다.

인생은

바다에 오면
산이 끌린다.
그러나
그 산에서도
마음은
머물지 않는다.
인생은
무언가 찾다가
조용히 떠날 뿐.

예순 번째 여는 세상

어느새 외손녀를 봤구나.
몽고반점 딸아이가
벌써 어머니가 되었구나.

그래도 아직은 장년 같은 기대로
이제야 뭘 좀 알듯 싶은 느낌으로
막혔던 시의 물꼬가 터지리란 낌새로
웬 푸념인가.
아직도 청바지 입고 연애하는 기분으로

올해는 왜 그리 봄이 짧은가.
밀리는 찻길 숨막히는 서울에 살면서
얼음 나라 북극 어디쯤엔가
부푼 꿈 학원 시절
남문통 고개 그 눈높이 바다에서 불어와
청솔가지 무성한 중학교 삼 학년 교실
그득 설레게 한 동부두의 뱃고동.

그때 우리들 도토리 키재기
글 잔치 같은 풍성함으로

타오르는 불길 사르지 못해
차라리 돌이 되고 마는 아쉬움으로
하지만 더러는 사소한 것도 소중하게
소중한 것도 사소하게 여기는 트인 가슴
큰 병 앓고 난 뒤의 깨달음으로

오늘 풍상의 세월 속에서 돌아보는
예순 바퀴
내 인생의 앙금아.

다섯 살 손녀 앞에선

네 앞에서는 이 할아버지도
영락없는 광대구나.
온갖 것 헤집어 흉내 내기
종이 접어 색동 비행기
무등 태워 날리기
그것도 모자라 병원 놀이 주사 맞기
입반주 맞춰 결혼식 신랑 되기.

어느새 공책 가득
긴 머리 사자 얼굴 머리 많은 계집애
엄마라 그려놓고
-할아버지 잘 그렸지?
보채는 칭찬 챙기기에
-참 잘 그렸구나, 이만큼이나 잘 그렸네.
쳐든 팔 바구니에 하늘까지 담아내 주다 보면
반나절이 훌쩍 지나고

놀기에 팔려 무더위도 잊은 지각 점심
맛있게 먹는구나.
장조림에 씻은 김치

구운 김 햇깻잎 한입에 쓸어 넣고
신명 난 재롱이 다섯 살 윤재의
어지러운 은수저 식탁.

잠들기 전엔 노래 불러 꿈맞이 준비
네 앞에선 꼼짝없는 풍금장이 꼴이네.
하지만 오늘 하루 다 빼앗겨도 아깝지 않아
아가야, 응석받이 그대로
좋아진 세상 그 맑은 눈 속에 간직하고
앞으로 다 못 볼 우리 내외 몫까지 챙기며
오래도록 가꿔 나가거라, 귀여운 나의 손녀야.

외계의 들꽃

사람들은 그것을 별이라 부르지만
언제부터인가 눈이 시려
가슴속에 묻고 살았네.

알고 보면 우리는 그들 발밑에 깔려
작은 바람에도 쏠려가는
한낱 검불에 지나지 않을 뿐.

우리가 잠든 밤에도
머리 위에서 수없이 떨어지는
원석의 빛이여
이름 없는 외계의 들꽃이여

얼마쯤 날아가면
속절없는 이 중생의 짐
내려놓을 수 있을까.

기우는 가을날 너와 눈을 맞추다가
아깝게 놓쳐버린
금쪽같은 외손녀의 별이여.

새벽의 한복판에서
-종두 아우에게-

생각에 잠길수록 몸은 이리도 뜨거운가.
머리는 왜 이다지도 가려운가.

잠은 멀리 달아나고
뿔뿔이 찢겨 날아간 상념의 조각들이
끊긴 기억의 필름들이
유흥업소의 조명처럼 어지럽게 돌아가는데

시간이 흐를수록 맑아지는
의식의 한가운데서
벌집처럼 매달려 이빨을 드러내고 웃는
저 소름 끼치는 죽음의 손짓.

아우야
지금은 저걸 건드려선 안 되네.
저들이 미쳐 날뛰게 자극해선 안 되네.

예순일곱 해 애써 살아온 이승의 잦은 바람길
스스로 비문 몇 줄 써놓고도
생살 찢기는 고통에서 떠나지 못하는

한 살 터울 내 아우야.

혼자 깨어 있어 미안해
닫힌 네 창문 앞에서 서성이는
꿈결같은
노을 서린 서사라의 보리밭.
그때 일 여태 지울 수가 없는데
그마저 뿌리치고 무심히 잠겨가고 마는구나.

친구여, 어느새 우리에게 가을이

친구여
예전엔 일흔만 되어도 흉으로 보이던 우리들이
그 나이 훌쩍 뛰어넘어
팔십 고개에 이르렀으니
정말 믿기는가.

하지만 우리는 얼마나 다행스러운가
천혜의 섬에서 태어나
한려호 이리호 따위
정기 연락선 타고
거친 풍랑에 밀려 뱃멀미 하면서도
목포로 부산으로 그리고 서울로
뭍을 향해 기세 좋게 달려 나간
보릿고개 50년대 청운의 푸른 깃발.

아아, 꿈이 영그는 서부두 바람 속에서
고집스레 남은 자들과
대책 없이 떠난 우리들 사이에
도원결의 같은 다짐이 있었기에
부끄럽지 않은 오늘이 있지 않겠는가.

어쩌다 고향 찾는 날
너무 변해버린 옛집 주변 괜히 서성거리다가
어디선가 뛰쳐나온 어릴 적 여자 친구 반갑게 만나
오래전 뺏어 달아난 줄넘기 고무줄 넘겨주고
쓸쓸히 돌아서던 먹구슬나무 동네
바람도 꺾이어 돌아 나오던
무근성 막다른 환상의 골목이여.

그래도 우리는 얼마나 대견스러운가
어진 다섯 선비 묵향 그윽한 교정에서
한 스승 모시고 배운 우리
그때의 소중한 어른들
여직 젊은 그대로 간직하고 있다는 사실.

그런 스승 밑에서
축구하는 수재 자라 저명 교수가 되고
걸음부터 당당한 장군감 커서 정말 별 달고
진작 알아본 눈 맑은 우등생 자라나 큰 교육자 되고
없는 듯 있는 성실 학도 국회의원 되고

학비 벌며 공부해 토박이 일꾼 되고
박식한 달변가 좌중 웃기더니 유턴해 강단에 서고
근면한 소년 서울 가 사업 크게 일구고
그 밖의 적지 않은 우리 동기 인재들
꼭 있어야 할 자리에 설 수 있다는 것
얼마나 가슴 뿌듯한 일인가.

손을 뻗으면 발아래 잡힐 것 같은 탱자나무골
허물어지다만 오현단 성터 돌담에 걸터앉아
백일장 시 몽당연필로 다듬어 쓰던
나의 오현고등학교 시절
친구여, 사춘기 그때 겁 없는 여드름 동기생
신임 교사 별명 짓고 신명나 킬킬거리던
악동 얄개들
누가 타임머신이라도 타고 날아가서
고스란히 담아다 줄 수 있다면 얼마나 좋겠나.

이제는 앞으로의 일보다 흘러간 시간이 그리운
주름살 고비지만
아직도 우리에겐 사랑할 정열이 있다고

이 정도의 호기 한 번쯤 부려봐도 괜찮지 않겠는가.
그러나 친구여
우리는 손녀의 재롱이나 지켜볼 수밖에 없는
꽉 찬 가을 인생임을
겸허히 받아들여야 할 때가 아니겠는가.

꿈결에

시가 되는 날에는
꿈속에서도
시를 쓴다.

마른 개천의
물이 살아나서
뉘인 풀들을
일으켜 세우고

가물어 갈라진
언어의 밭에서
쇠진한 영혼을
건져 올릴 때

나는 혓바닥이
아리는 갈증으로
너 대신
나를 사르었다.

거 울

웬 노인이 웃고 있다.
어디서 본 듯한 마른 사람이
어설프게 나를 바라보며 손짓하고 있다.

해가 기우는 광야에
한 소년이
바람개비를 돌리며 지나가고

어른이 된 소년이
유리창 안으로 들어와
제 아이의 등을 밀어주고 있다.

쏟아지는 물길 속에 잠기는
꿈결 같은 세월의 무게
결린 어깨로 재며

어느새 늙어버린 내가
낯선 섬처럼
혼자 목욕탕에 앉아 있다.

버리는 연습

아내가 크게 앓고 나서
처음 손댄 건
묵은 세월 헤집고
장롱 서랍부터 정리한 일.

아내는
나에게도 자꾸 버리라 한다.
이것저것 욕심내지 말고
과감히 버리라 한다.

하지만 마음까지 다 비울 순 없어서
버리는 시늉만 했네.
어차피 치우고 갈 짐인 줄 알면서도
연습 삼아 치우는 흉내만 냈네.

아내여.
정작 거두고 가야 할 것은
이름 석 자의 멍에
바로 그런 것들인데

눈치 보며 도루 챙기는
이 허접스러운 미련을 어찌 하나.
버려야 할 때 버리지 못하는
이 아둔함을 어찌 하나.

딸에게

위로하지 마라.
아버지도 때로는 울 때가 있느니.
세상의 꽃들이
시들어 떨어질 때
약으로 견디는 아내의
뒤척이는 밤을
짐짓 모른 체
곁에서 지새우며
행여 눈물을 훔치더라도
못 본 척 해다오.
속살 드러내는 이런 모습
너에게만은 보이고 싶지 않으니.

스쳐 가는 것은 아름답다

가슴 쓰린 아쉬움이 남아
스쳐 가는 것은 아름답다.

떠오르는 일출조차 시린
안개 낀 초겨울
언젠가는 하룻밤
인연의 끈 놓지 못해
깃털 같은 육신 이끌고
찾아오겠지만

다시 보자고 섣불리
기약할 수가 없구나.

여보게 친구

즐겁게 사는 법을 아는 친구를 둬서 뿌듯하네.
팔순을 눈앞에 두고 생각하니
자네는 참 보람 있는 인생을 살았군.

여보게 친구,
배우는 동안엔 느끼지 못했지만
뒤늦게 가르치며 깨닫네.
왜 그때 좀 더 배우지 못했는지
나는 자꾸 왜소해져서 할 말을 잃네.

즐겁게 배우고 가르치며 봉사하는 삼락 정신
이는 교정을 떠나서도 버리지 않은
영원한 스승의 마음 아니겠는가.

고향을 지키며 도리를 다한 자네 같은 선비들이
평생 배우고도 배울 게 남았다니
그렇게 봉사하고도 봉사할 게 남았다니
참으로 나를 부끄럽게 만드는군.
자랑스러운 친구여, 더 이상 무슨 말을 하겠나.

고무풍선

너에게 실려 가면 어디에 닿나.
가난도 미움도 없는 세상
언제나 꽃사태만 일어나는 하늘나라
그런 호강스러운 노을밭에 닿나.

그곳에 가면
날개옷 입은 선녀의 모습 볼 수 있을까.
지상엔 아직 개으른 나무꾼들뿐인데
선동질 일삼는 정상배 판인데
지상의 일들은 접어두기로 하세.

자칫 터질세라 터지지 않는 경계에서
묶인 탯줄로 태어난 너의 운명
바람 따라 실려 가면 어느 별에 닿나.
외톨이에게만 열리는 그런 세상에 닿나.

이승에 머무는 동안

우리 사후의 주소는
경기도 성남시 분당구 메모리얼파크.
그대여
세상에 살아있는 동안
이승에서 맺은 인연의 동아줄
다 삭아지기 전에
섭섭했던 일
미처 지우지 못한 다툼의 찌꺼기
다 털어내고
좋았던 일들만 기억하기로 하자.
팔십 중반에 이른 망각의 세월 앞에서
내가 바라는 것은 이 일 하나뿐.

한여름 밤의 꿈

누군가에게는 비빌 언덕이 되고
아름드리 숲
노구를 끌고 와서도
편히 쉬었다 갈 수 있는
사철 푸른 소나무
그런 그늘
잔잔한 섬의 사랑채 같은
아늑한 보금자리가 되고 싶었는데
아, 깨어보니
여든다섯 굽이
한 여름밤의 속절없는 꿈이었네.

제3부

자연과의 교감

동백꽃

슬프게 지기 위해
눈부신
세상을 연다.

여리게 태어나
모질게 지는
소멸의 끝자락.

눈발에 번져
뜨겁게 도는
너의 자존 각혈이여.

세밑에

한 해가 저무는
도시의 불빛 속에서
바람에도 쏠리는
한 사나이를 만난다.

찬 서리 이승의 들녘에
한 줄 금으로 남는
빈 수레
나의 세월.

나이 들어 터득된
덧없는 시간 앞에서
전엔 닿지 않던
인생의 바닥이 보인다.

연의 우화 寓話

솟구쳐 오른 연은
이미 하늘의 것이야.

사람들은 그가
얼레의 손에 달려있음을
말하고 싶어 하지만
연은 스스로 난다고 믿으려 해.

그러나 속 깊은 이는
그냥 날개로 보려 하지.
세상을 내려다보며
맘껏 뽐낼 수 있도록
짐짓 눈감아 주지.

사람은 탯줄에서 떨어질 때
진정 사는 것이지만
줄이 끊긴 연은
하나의 종이에 지나지 않을 뿐
살아있음이 아니야.
한낱 떠도는 일몰일 뿐이야.

귀뚜라미

자지러지게 운다고
떠나간 이 오기나 하니.
비 개인 뒤 더욱 맑아지는
너의 음계.

매미야, 한세상 나무 위에서
울다 가기나 하지만
너는 오를 재간도 없이
종일토록 숨어 있다가
밤에만 나와 우는구나.

귀뚜라미야
미명의 가을을 여는
서울의 마지막 로맨시스트야.

너의 소리를 따라가다 보면
고향 섬돌에 이를까.
바다 건너 유년의
대청마루에 닿을까.

활주로에서 (1)

이제는 돌이킬 수 없구나.
사방을 돌아봐도 휘이는 땅뿐인
이 발진의 순간에
고작 내가 할 수 있는 일이란
갈기를 세우고 기다리는 것밖에는.

세상의 이치가
활주로처럼 앞만 보고 달려야 한다면
우리의 삶은 얼마나 삭막한가.

모든 명운을 날개 하나에 의지하고
시위를 떠난 빗물의 이 아침
스스로 할 수 있는 일이란 무엇인가.
긴장의 발톱을 세우고
지평 밖으로 뛰쳐나갈 궁리 외에는.

활주로에서 (2)

내리면서 녹고 마는
활주로의 눈처럼
파지만 내다가
겨우 건진 한 점 묵화.

하늘에서 보면
제주는
잔뜩 웅크린 조랑말이지만

땅에 내리면
활짝 펴는
유채꽃 나래
대륙의 바람이어라.

활주로에서 (3)

땡볕 아래서도 길을 닦았다.
왜 이래야 하는지 까닭도 모른 채
노력 동원된 바닷가 연병장.

각반 찬 꼴이 하도 우스워
돌을 나르다
서로 쳐다보며 웃고

점심엔 매실 장아찌
보리밥 도시락 까먹으며
우린 철부지처럼 떠들었다.

은행나무

펼친 손 다 거두지 못하고
오늘 밤은
누구를 위해 춤을 추려 하느냐.

지면서도 추하지 않게
미련 없이 털고 가는
사뿐한 삶의 끝자락에서
어차피 우리의 욕망 따윈
부질없는 바람인 것을.

모진 풍상에도 굳건히 버티고 서서
굳은살 한 세월 닦아내는
저문 벌판의 은행나무 한 그루.

올 레
-제주 사투리로 쓴 시-

돌앙보난 이게 언제라.
난생 처음 써본 사랑 편지 보내놓곡
가슴 설랭인 초싱달 밤 그 집 앞
그때의 그뭇은 이제 찾아볼 수 어신디
머리가 다 시어버린 나이에도
무사 영 부치러와점신고.

올레에 들어서민
올망졸망 손짓하는 초지붕 위로
정겹게 피어오르는 밥뜸 냄새.
저녁상 차리는 우리 어멍 어진 손길에도
노을이 지곡
어느새 나는 몽생이가 되엉 돌아댕겨점싱고.

살당보민 만날 날 이시카.
마파람도 쉬멍가는 이 고샷질
저실날에도 모여들엉 놀던 나의 불독새기 친구들
저 바당으로 한 신고 떠난 첫사랑의 지집아이도
다시 만날 수 이시카.

돌앙보난 이거 언제라.
어릴 적 처음 가본 올레 앞 큰 녹낭 성당
그때 험벅눈 성탄절 꿈 주던 아일랜드 신부는
오래 전에 떠나강 어신디
주름살만 늘은 이 나이에도 무사 영
죄스러워점신고.

올레 : 주택에 출입하는 진입로로서 제주 지역 특유의 공간.

올레

돌아보니 이게 언제던가.
난생 처음 써본 사랑 편지 보내놓고
가슴 설레던 초생달밤 그 집 앞
그때의 자취는 찾아볼 수 없는데
이제 머리 다 샌 나이에도 왜 이렇게
부끄러워지는가.

올레에 들어서면
올망졸망 손짓하는 초가지붕 위로
정겹게 피어오르는 밥뜸 냄새.
저녁상 차리는 우리 어머니 어진 손길에도
노을이 지고
어느새 나는 망아지가 되어 뛰어가고 있네.

살다 보면 만날 날 있을까.
마파람도 쉬어가는 이 골목길
겨울에도 모여들어 놀던 나의 불알친구들
저 바다로 한 싣고 떠난 첫사랑의 계집애도
다시 만날 수 있을까.

돌아보니 이게 얼마 만인가.
어릴 적 처음 가본 올레 앞 큰 녹나무 성당
그때 함박눈 성탄절 꿈 주던 아일랜드 신부는
오래전 떠나고 없는데
주름살만 는 이 나이에도 왜 이렇게
죄스러워지는가.

내가 아직 불씨였을 때

세상에 태어나기 위해 행여 꺼질세라
마음 졸이며 서로 지켜보았다.
잿 속은 여태 미명의 들녘이었다.

주변에 서성거리던 사람들이
날품 찾아 뿔뿔이 떠나고
노숙의 강은 풀리지 않았다.

내가 아직 불씨였을 때
잠 못 이룬 나의 본심은
혼절하는 하늘의 폭죽이었다.

그러나 정작 관솔불의 기세로 피어올라
걷잡을 수 없게 됐을 때 나는 깨달았다.
말이 불씨가 돼 사그라진 그 사람들의 일컬음.

꽃과의 결별

애초에 꽃이 있었다. 그러나 오랜 세월 세상 사람들이 헤집어 놓은 빛바랜 언어의 쑥대밭에서 내가 새롭게 피울 꽃은 없었다. 바둑판 같은 사유의 미로에서 추하게 지내는 모습만 자꾸 떠오를 뿐, 축복으로 자지러지게 할 내 몫의 꽃비는 없었다. 하지만 지난 밤 꿈에는 날개 부러진 목련 한 송이가 마지막 하직 인사라도 하자며 끈질기게 나를 따라왔다.

고사리를 꺾으며

목화였으리.
흰 솜이 부러워 온통 털북숭이로 치장한
너의 전생은 분명 면화였으리.
낮에는 산야의 나무 그늘에 숨어 몸을 사리고
밤이면 몽환병자처럼 제 몸을 주체치 못해
밤을 설친 몸매로 하여
너는 냉이처럼 봄의 전령사로도 간택되지 못했으리.
일찍이 좋은 묏자리 찾아 모신
부모님 산소 명도암 노르소니에 아우가 묻히던 날,
너도 어김없이 따라왔더라.
삽질에 파어 봉분의 떼로 용케 묻어 왔더라.
해마다 여름이면 4.3 사태 때 홀몸 된
고모님이 꺾어 보내 주시던 제주도 고사리
할아버지, 아버지의 제사상에 올리라며
서울로 부친 누런 봉투의 야생초.
오늘 벌초 왔다가 거칠어진 너의 몰골을 보며
이제는 고모 대신 고사리를 보내주는
막내 제수의 손을 떠올렸어라.
꽃이 될 수 없기에 더욱 모질어야 하는
너의 짧은 해질녘.

차라리 억새였으면 서로 비벼대며 울기나 하지.
휘이는 아픔으로 긴 머리칼 날리며
여한 없이 울어 보기나 하지.

매 미

생살이 뜯기는 아픔으로
아침마다 창문 앞에 와서 우는
저들의 자지러진 생존법을
팔순이 지나고 나서야 귀에 담게 되었네.

저들은 날기 위해서가 아니라
제대로 바스러질 짝을 찾는 것임을
뒤늦게 깨닫게 되었네.

여름 한철 투명 상복 입고 나와
스스로 접기 위해 우는
저들의 짧은 한평생.

세상엔
건성으로 흘려버릴 수 없는 것들이
하나도 없다는 것을
저승의 문턱에 와서야 깨닫게 되었네.

제4부

생활과 사유

화장하는 여인

여인은 날마다 꿈을 그린다.
첫아기에게 기저귀를 갈아주는
어머니의 마음으로
정성들이는 복숭아빛 초상화.

거울 앞에 앉으면
언제나 만나는 어린 날의 돌계단
아, 그 코끝을 찌르는
탱자나무의 향기.

나른한 초여름을
읽다가 접어둔
세계 명작의 갈피에서
낮잠 자던 플랜더스의 개가
부시시 일어나 기어가고

시집간 후 처음 찾은
친정집 안마당
그날따라 노을은 유난히 눈부셨지.

자고 나면 씻겨질 썰물 같은 꿈이지만
아침마다 손끝으로 여는
눈부신 단발머리의 해변
고백 편지 처음 받은 그날처럼
여인은 오늘도 모래성을 쌓는다.

별타령

하늘에는 별도 많고
세상에는 별의별 일도 많지만
★ 단 보통 사람 있다는 말
처음 듣네.
믿으라면 믿어야지,
믿을 수밖에.

나팔수

바람이 없다면
너는
소리일 수가 없다.

그러나 너는 텅 빈 새벽에
천만 근의 무게로 와서
병영을 가득 채운다.

아무리 불어도 울림이 없는
무성영화의 나팔수처럼
지금 너는 말이 없지만

한번 울기 위해
여러 날을 기다려야 하는
아픈 심사를 나는 안다.

허나 너는 오늘 앙금으로 남아
진혼의 벌판에
바람으로 누워 있다.

삼월은 우리에게 무엇인가

삼월은 우리에게 무엇인가.
그것은 뜨거움
열린 가슴으로
무섭게 타오르는
태극의 불꽃
어머니 조국.

삼월은 우리에게 무엇인가.
없는 자 빛이게 하고
가진 자 거듭나게 하는
그 무엇
겨레의 힘.

삼월은 우리에게 무엇인가.
비인 들녘
뺏겼다 다시 찾은 몫만큼
더욱 채우게 하는 목마름.
이제 삼월은 우리에게 무엇인가.

아직도 강북에서

옛날에는 사대문 안 사는 게 부럽다던
강남사람들이 이제 와선
여태 강북에 사느냐고 묻네.

처음엔 예사로 들렸지만
자주 들으니 참 이상해.
그냥 인사만은 아닌 것 같아.

시인되겠다고 섬을 떠난 지
서른여덟 해
초행의 서울역 시그널은 왜 그리 슬펐던지.

조그만 인연 하나 믿고 찾아든
미아리 신접살이 달동네
그 눈칫밥은 얼마나 염치없었던가.

그동안 한강 한번 넘지 못한 채
복개 전 청계천 다락방에서
신당동 친구의 이층 목조, 도렴동 여관 숙소에서

피 끓던 4.19 그날 교남동 외진 문방구,
맘씨 좋은 이태원 하숙, 태평로 직장에서
아까운 총각 시절 흘려보내고

허망의 나날
북가좌동 버스 종점, 숭인동 기와 문간방,
종암동으로 옮겨 다닌 신혼생활 어제 같은데

서소문공원 한눈에 잡히는 아파트살이 청산하고
이곳 은평구 산자락에 자리 잡고 보니
어느새 머리가 다 희었네.

일찍이 내가 아는 강남은
젊을 적 배우 모델 데불고 다닌 뽕나무밭,
잎진 풍경화처럼 을씨년스런 피사체였네.

요즘도 강북에 사느냐고 묻는 사람 있네.
택시 기사도 신사동新寺洞 가자면
한강 넘어 신사동新沙洞으로 차를 모네.

그래도 나는 화려한 번화가보다
소박한 이 동네가 더 좋네.
진국 같은 옛친구 강북이 더욱 좋네.

남은 한 장 달력만큼의 덤으로

뿌리칠 수 없는 무게로 다가와
어깨를 치고 사라지는
그대는 누구인가.

여직 미련이 남아
눈발 속에 서걱이는
반타작 시린 예순 고개.

섣달 그믐
남은 달력 한 장
차마 찢지 못해

그냥 접어두고 마는 덤의 세월
외투 자락에 스치는
그대 차가운 하늬바람아.

은박지

처음에는 한낱 포장지에 지나지 않았다.
나에게로 왔을 때
뜻밖에 달이 되었다.

남들이 굴리는 손아귀의 호두를 보고
둥글게 접어 나가자
이번엔 은단 향내의 청심환이 되었다.

그러나 날이 저물면
겹겹 단층의 껍질을 깨고 나와
탐스레 영그는 달이 되었다.

그것은 오래 길든
나의 은박지 지압
편한 비단길로 이끄는 숙면의 베개였다.

그런 날엔 꿈속에서
은빛 새가 되어 날아가는 너의
눈부신 뒷모습을 쓸쓸히 지켜봐야만 했다.

못의 모놀로그

제발 못질은 말게.
파이는 고통은
나 혼자만으로 족하느니.
어느 날 내 육신이 지쳐 잠들게 되거든
그때 비로소 대못질해도 좋으니.

주체할 수 없는 끝과 시작
평생을 등진 채 살아야 하는
평지와 벼랑의 극단
모남과 날 섬의 모순을 어이하리.
맞아야 사는 촉수의 쾌감을 어이하리.

칼바람 이는 폐가에 버려져
녹슨 몰골로 잠들어 있다가도
주인을 만나면 피가 도는
굉음의 불꽃
나는 누구인가.

제발 못질은 말게.
각박한 세상

편히 살아가기 위해
애써 휘이며 매달려 본 적 없느니
무엇이 두렵다 하겠는가.

요즘 세상

컴맹에서 탈출하자
여태 겪지 못한
새로운 세상을 보았네.

출렁이는 정보의 바다
넘치는 소통의 파도에
넋을 잃고 휩쓸려 다니다가

어느 날 갑자기
눈을 내리치는
악성 댓글의 인플루엔자.

익명 뒤에 숨어서
온갖 비방 늘어놓는
소문의 벌집과 마주치며

언제 터질지 모를
뇌관 같은
인터넷 세상을 보았네.

신사동

신사동에 산다고 하면
으레 어느 신사동에 사느냐고 묻는다.

실개천이 흐르고
오거리가 있는 곳
사는 데는 아무 불편이 없는
보통 시 신사동에 산다고 말한다.

예전에는 고개 위 성당 옆에
신달자 시인도 살았고
한때 모신 최창봉 선생 댁도 있는
동네라고 했었는데

요즘에는 설명이 궁해서
통일이 되면
땅값부터 오를 동네라고 말한다.

아직도 신사동에 사느냐고
굳이 묻지는 않겠지만
누가 다시 묻는다면 이렇게 설명하리라.

한강 넘어 새 모래 신사동 아닌
6호선이 멎는 서오릉 인접 지역
진국 같은 새 절 뜻 신사동 산다고.

세기말의 봄

뉘댁 어른이신가, 일천구백아흔아홉 굽이
휘인 등짐 지고 이 동강난 땅 코리아
꽃샘바람 끝자락에 와서
가쁜 숨 몰아쉬는 당신은.

일천구백년 새날의 밤 대낮처럼 밝힌
종로 네거리 전깃불 타고 내려와
아지랑이 햇볕 속에 뭐라고 조잘대며 오는
열아홉 순이 가슴 헤치고
빼앗긴 들 모진 남녘 산하에서
영변 약산 진달래까지
타는 놀 화상의 꽃대로 피워 올리는
세기말 부활의 봄.

범섬 앞이던가
이중섭의 발가벗은 아이의 철부지 게들이
복사꽃 피는 은박지 서귀포에 머물다 가고

지난해엔 무심결에 보낸 감질난 그대
헌데 웬 청승인가

경제 한파 넝마의 새벽에 깨어나
열 마당 초혼굿으로 불러내는 백년손님.

몸은 비록 19세기에 살았지만
정신은 이십 세기로 열린 우리들의 초인
신을 죽인 니체의 광기도
현실도 환상처럼 환상도 현실처럼
셀룰로이드 투명한 길로 깐 시네마천국
영화의 아버지 뤼미에르 형제도

비행의 꿈 지상에서 하늘로 띄워 올린
라이트형제 그 바람난 연의 몽상도
영광과 고통 노래한 성스런 낭만주의파
스트라빈스키의 목관 파곳 봄의 제전도
아니, 미치광이 아닌 미치광이가 되어
갈증난 조국의 사막을 헤맨
슬픈 활동사진 아리랑의 나운규도

이제 한 세상 문 닫는 마지막 행동의 날에는
그대들 저 역사의 심연에서 걸어나와

신명난 광대처럼 얼쑤얼쑤 춤이나 추거라.
내일의 광야에도 해돋이로 남을 거름이 되거라.

잠결에

글빛에 쫓기는 날에는
상념의 들판을 떠돌다가
잠결에도 글을 쓴다.

육신은 피로해도
모든 의식이 깨어나
심한 멀미를 한다.

이런 날에는
꿈조차 메말라서
결린 어깨가 더욱 차구나.

이력서

일흔다섯이 됐는데
이력서를 보내라 한다.
그것도 반년 만에 세 군데나.

모든 것이 자동화되고
다운로드로 통하는 디지털 세상에
살아 숨쉬는 아날로그의 육필.

한 자 한 자 칸을 메울 때마다
잠겼던 젊은 날의 기억이 되살아나고
강의계획서 입력은
두 번이나 실패했지만

자네 참, 장하이.
저만치서 걸어가던
또 하나의 나
반백 머리 검버섯이 웃고 있다.

귀이개

손가락이 사랑을 헤집는다.
그 정교한 손놀림이
시들어가는 쾌감을 올려 세운다.

따스운 볕 속에서 눈을 감으면
저리도록 간지러운
찰나의 안락.

이대로
그대 무릎 위에서
잠겨 버렸으면

잠도 아닌 죽음도 아닌
저 한 무더기
고요 속으로 녹아 버렸으면

그대 앞에서는
가물거리는 이 육신도
살맛 나는 잔치구나.

섬까지 흔들게 한 젊은 깃발

그것은 깃발이었다.
교정에 있어야 할 젊은이들이
거리로 뛰쳐나와 권부의 심장에 내리꽂은
자유와 민주주의의 깃발,
그날 광화문과 태평로는
온통 성난 물결이었다.

보릿고개에서도 불의에 견디다 못해
들고 일어선 끓는 심장
거기에는 국민주권의 열망이 있었다.
마산 앞바다에서 건져 올려
혜화동을 떠나 종로로
안암동을 떠나 동대문으로
신촌을 지나 서대문으로
퇴계로를 지나 을지로로
흑석동을 지나 한강 너머로

아, 끝내는 이곳 제주 섬까지 흔들고 만
1960년 4월 19일,
세상을 놀라게 한 대한민국의 미래여!

너무나 순수했기에 미완으로 머문
통한의 교훈이여!
우리는 여기서 배워야 한다.
깃발은 여기서 멈춘 것이 아니다.

설거지를 하며

접시는 접시끼리
찻잔은 찻잔끼리
밥그릇은 밥그릇끼리
세상의 질서는 다 여기 모였구나.

아내가 앓고 난 뒤
십 년이 넘는 세월
일손 덜어 주느라 맡은
내 몫 설거지.

싱크대 선반 앞에 서면
씻겨 나가는 고무장갑 사이로
온갖 상념들이
파릇파릇 돋아나고

나는 어느새 그들에 입힐
언어의 텃밭에서
흥겹게
날고 있다.

수저는 수저끼리
젓가락은 젓가락끼리 모여 앉아
날마다 제 얼굴 말끔히 씻겨 주는 이 노인을
저들은 정녕 어떻게 보고 있을까.

제5부

바다와 여행

홍도 판타지

여기는 우리들이 태어난 곳
아득한 어머니의 궁宮입니다.
밤새도록 술렁이는 수태의 아픔
천지의 시작입니다.

오늘따라 한 마리 갈매기마저
떠오르지 않는 것은
숨막힐 듯한 고요
그 무섭도록 시린 푸르름 때문일까요.

어쩌다 뭍에서 밀려나
여기 남해
팔월의 해풍 아래 솟아난
한 점
외로운 가시.

밤마다 졸린 눈을 비비며
붉은 박덩이를 태워 올리는
발아發芽의 둥지입니다.

언젠가는 훌쩍 떠났다가
지친 육신을 끌고 와 쉬일
고향의 아랫목입니다.

동해에서

서울에서는 손에 잡히던 바다도
정작 육백리 길을 찾아오자
안개 속으로 잠기고 만다.

눈을 감으면 언제나
수평의 알몸으로 드러나는
부끄러운 젤소미나의 바다.

세상의 이치도 이같이 가까이보다
멀리 떨어져 있을 때
더욱 소중한 것임을

오늘 새삼
비 개인
동해에 와서 깨닫는다.

캠프파이어

오늘 밤만은
모두가 타오르는 불길이었으면.
외로운 이에게만 열리는
저 눈부신 달의 바다
하얀 손짓 은밀히 출렁이는
돛이게 하였으면.

인생이란 어차피
스쳐 가는 옷깃
덧없는 시간의 바람임을
새삼 깨우치려 들더라도

그대여
잡은 손 놓지 말기.
짐짓 처음 들은 척
뿌리치지 말기.

책갈피의 여름

그때 우리는 바닷가에 있었다.
썰물의 모래 따라 걸으면
눈높이로 다가오는 제철공장의 굴뚝.
거기에 쇳물같이 괴는 여름이 있었다.

목이 마른 수도 꼭지에선
온종일 쉰 소리만 내고
삼박사일 따가운 시인학교 운동장에는
해갈을 실은 소방차가 달려 왔다.

하지만 그런 날에도
우리는 개의치 않았다.
차라리 포만의 발동선을 쫓는
자지러진 한 쌍의 갈매기였다.

우연히 자작 시집을 들치다가
오래전 책갈피에서 섬으로 떠오르는
부끄러운 너의 모습을 보았다.
그때 우리는 솔밭에 있었다.

요술의 바다

바다에서는 모두가 돛이 된다.
바다에서는 누구나 섬이 된다.

그러나 배 위에서는 구름도 섬이 된다.
섬에서는 하늘도 바다가 된다.

바다에서는 누구든 바람이 된다.
바람 속에선 모두 깃발이 된다.

수평선에서는 세상도 옆으로 잠긴다.
닻 내린 저승도 파랗게 펄럭인다.

해질녘 가문 숲에 머물렀다가
도심으로 날아가는 한 마리 작은 불새.

자정의 바다

모든 경계가 무너져 버린
여기는
지상의 끝인가, 시작인가

세상의 모든 빗장
일제히 닫아걸고 곯아떨어진
한밤중 피서의 바다에서

올여름 꿈결같이 보낸
아쉬운 삼박사일
안면도 해변시인학교를 생각한다.

또한 서귀포의 갈옷 잔치 보고
다시 부산까지 끌고 온
내 고향 제주의 하얀 옷고름 바다.

그러나 정작 나에게는
불을 켜주는 포구도
섬으로 데려다줄 배도 없었다.

그 대신 자정의 해운대 산책길에서
그려 받은 한 무명 화가의
미역 냄새나는
파스텔 초상화 한 장.

그 가을의 바다

섬에 태어났으면서도
초행의 타관에 와서야
바다가 검을 수 있다는 걸 깨달았습니다.

밀리는 주말, 조각 잠을 자다가
문득 맞닥뜨린 한밤중 변산의 바다는
차라리 바람이었습니다.

하지만 나는 거기에서
초생달로 떠오르고 있었습니다.
칠흑의 숲을 헤치며 날고 있었습니다.

누군가 실어다 버린 범선의 피아노처럼
세상의 시간들이
일제히 거기에 머물러 있었습니다.

열여덟 해의 바다

마흔다섯 해
눈 때 묻히고 산
뭍의 산보다
열여덟 해
무심코 지낸
어릴 적
제주바당이
요즘에는
자주 밀려와
쫓겨 달아난
좋은 기억들만
가슴 가득
출렁이게 해놓고
달아나 버리네.

얼음의 바다

저 바다는 흐르는 것이 아니야.
그냥 멈춘 거야.
정지된 비디오 화면처럼
다시 켤 수도
되돌려 놓을 수도 있는
그런 시간이 아니야.
누가 셔터를 누른 순간부터
저만치 멈춰버린 시간이
다시 태어날까 두려워
숨죽이고 있는 거야.
더욱 거센 파도로 몰아치기 위해
수백 발길 수심에 몸을 뉘이고
부서진 포말들을 불러 모으며
때를 기다리고 있는 거야.
그래서 섬도 떠밀리지 않게
꼭꼭 붙들어 매고 있는 거야.

중국 서안에서

여수旅愁의 창에 내리는
한 줌
새벽 안개.

그 길 천년 시공 뚫고
내 무릎에 안기는
젖은 머리 가녀린
양귀비의
그 아미.

빗질도 한가로워라.
여기에선
노을의
어지러운 몽정도
꿀맛 같으니.

두만강은 차라리 개천이구나

먼 길을 돌아서 여기까지 왔다.
두만강에 왔다.
연길에서 빗길 달려 한 시간
이곳 도문에서 바라본 두만강은
차라리 개천이구나.

안개 피워 더욱 그림 같은 조선 땅
무릎만 적셔도 건널 손바닥 거리인데
초면이라 수줍은가.
눈을 맞추고도 두려운 바로 저런 것이
찢어지는 겨레의 아픔이구나.

에게해를 지나며

유쾌한 일만을 기억하기로 한다.
예까지 와서
세상의 궂은일 떠올린다는 건
얼마나 가소로운 일이냐.

시속 구십 킬로
미풍의 에게해를 지나며
기분이 좋아진 초로의 코리안은
올리브 향기에도 크게 취한다.

물오른 나무들이
섬 사이로 성큼성큼 걸어 나오고
시추선이 늘어지게 낮잠 든
사월 끝물의 바다에서
나는 어느새 춤추는 희랍인 조르바가 된다.

서울에 돌아가면 넉넉하게 살기로 한다.
꽃북 치는 신명난 마음으로
껄끄러운 이웃과도 살갑게 열어나가기로 한다.

오늘 에게해에 와서
새삼 추스르게 되는
소중한 나의 인생.

안개

세상이 안개 같다는 것을
초행의 유후인에 와서야
새삼 깨닫는다.

잠이 덜 깬
호반의 안개 길을 걸으며
문득 제 나라 땅조차
마음 놓고 가지 못해
멀리 돌아가야 했던 곳

한 치 앞도 가늠 못할
정상의 악천후에 막혀
한 장의 기념사진으로
위로 삼을 수밖에 없었던
백두산의 안개를 떠올린다.

그때는 왜
이런 생각 미처 못 했을까
인생은 안개 같다는
평범한 그 이치.

유후인(由布院): 일본 규슈 오이타현의 유명한 온천지

홍콩의 바람

바람이 보인다.
소리는 들리지 않지만
창밖에 휘는
저 나무를 보면.

여기는 주룽반도가 보이는
홍콩의 인터콘티넨털 호텔
로비 라운지
모처럼 애프터눈 티 세트 앞에서

출가한 딸과 칠순 맞이 아내
할 말이 왜 그리 많은지
쉼 없이 이어지는 창밖을 보면
바람이 운다.

눈물 적신 옷깃은 보이지 않아도
흐느적거리는 너의 모습.
습한 홍콩 바람이
바다를 등지고 나에게 손짓한다.

술 한 잔의 기억과 영화와 시가
무성하게 자라는 예술의 숲

문학산(영화평론가, 부산대 교수)

1. 김종원 선생님께 드린 술 한 잔의 기억

 필자는 시인 김종원 이전에 영화평론가 김종원 선생님을 오래전에 뵙게 되었다. 주변 작가 분들의 발문과 김종원 선생님의 저서에 기재된 이력은 선생님께서 오현고 재학 시절부터 이미 문재에 남다른 재능을 인정받으시고 중앙 문단에 이른 나이에 시인으로 등단한 경력을 뒤늦게나마 확인하게 되었다. 선생님께서 활동하신 한국 영화평론계에서 선생님의 자리는 어떠한 미사여구도 사용할 필요가 없을 정도로 우뚝하셨고 이미 한국영화 평론사에 한 획을 그으셨으며 현역 평론가로 항구적인 전성기를 지속하고 계신 모습으로 설명할 수 있다. 선생님의 평문은 동시대 다른 평론가분들의 문체와 지향에 비해 인문학적 광휘와 문학적 감수성이 언어와 행간에 스며들어 독창적 광채를 발휘하셨다. 이 연유가 시인의 정체성과 연관되었다는 사실을 뒤늦게 헤아리게 되었다.

필자와 김종원 선생님의 만남은 1990년대 중반으로 거슬러 올라간다. 필자는 당시 유일한 영화평론의 등용문인 스포츠서울 신춘문예에 투고하는 단골 투고자였으며 김종원 선생님께서는 대표적인 심사위원이셨다. 필자는 대학 시절 문학과 그 시대의 암울한 분위기에 꼼짝없이 함몰되어 지내다가 대학을 졸업하고 뒤늦게 군에 입대하였다. 군대 시절은 질풍노도의 시기에서 한 발짝 벗어나 잠시 숨 고르는 시간이기도 했다. 동시에 군대 생활은 애국심은 빨리 퇴색되고 폭력과 억압의 터널을 통과했던 시기로 소환된다. 필자 역시 예외는 아니었다. 북한산 자락의 군부대에 배치되어 몸도 마음도 추운 겨울을 보냈고, 내무반에 배달되는 스포츠조선을 읽거나 치료실 바닥에 굴러다니던 진중 문고의 소설을 쉬는 토막 시간에 읽으면서 겨우겨우 긴 터널을 빠져나가고 있었다. 그 시절 스포츠조선에는 2021년 소천하신 영화평론가 강한섭 선생님의 영화평이 실렸으며 필자는 이 영화평론을 스크랩하여 읽고 또 읽었다. 군대에서 전역하고 나서 동유럽의 몰락과 영화 시대의 도래라는 격변의 파도가 덮쳐 오면서 대학에서는 자칭 시네필들이 영화 소모임을 급조하여 영화 이론서를 독파하거나 영화마을과 같은 비디오 대여점에서 구하기 힘든 영화 테이프를 골라서 집단 영화 감상을 일삼고 있었다. 필자도 영화마을의 비디오테이프를 감상하거나 프랑스 문화원에서 영화 감상을 하면서 영화 텍스트를 한 편씩 또박또박 노트에 기록하면서 자신만의 평점을 부여하는 시네필의 시기를 통과하면서 20대 후반에서 30대 초반을 흘려보냈다. 그 시절에 영화 감상의 다음 단계로 나아가면서 서툰 영화평을 작성하여 매년 스포츠서울에 한 편씩 보내는 것이 연례행사가 되었다. 집필한 졸고는 안드레이 타르코프스키의 〈희생〉론, 박종원론, 장선우론이었다. 처음 투고한 타르코프스키론이 스포츠서울 신춘문예의 본심에 오르면서 심사위원분들의 후한 격려로 인해 용기를 내어 다음 해에서 박종원론을 지라르의 희생양 개념으로 분석하여 투고하였다. 이때 심사를 맡으신 분이 서울신문의 조관희 선생님과 영화평론가 김종원 선생님이셨다. 박종원론은 본심에서 언급은 되었지만, 당선에는 미치지 못하고 낙선하고 말았다. 그다음 해인 1997년 겨울에 장선우론으로 다시 스포츠서울 신춘문예에 도전하였으며 심사위원분들의 후의로 겨우 당선의 통보를 받게 되었다. 스포츠서울 신춘문예의 영화평론 부문 심사위원 선생님이 바로 김종원 선생님이셨으며 선생님의 도움으로 필자는 영화평론가의 말석에 앉게 되었다.

겨우 영화평론가 직함을 얻은 필자는 그해 겨울 한국영화평론가협회 송년회가 열린 인사동을 찾아갔다. 인사동의 한식집 사천에서 이영일 선생님, 유현목 감독님 그리고 김종원 선생님을 뵙고 처음으로 인사를 드리게 되었다. 이영일 선생님과 유현목 감독님은 구면이었지만 김종원 선생님께는 처음 인사를 드리는 자리였다. 그때 김종원 선생님께서 손수 필자를 옆자리로 부르시더니 자리에 앉자마자 스포츠서울 신춘문예 당선 소식을 전하시면서 술을 한 잔 따라 주셨다. 필자는 이미 신문사에서 연락은 받았지만, 심사위원 선생님으로

부터 직접 축하를 받는 영광과 기쁨을 맛보게 되어 기쁨이 배가되었다. 필자는 선생님으로부터 받은 술잔을 한 번에 다 비우고 나서 술잔을 채워서 돌려드렸다. 이 순간 주변의 평론가분들이 의아한 얼굴로 이 광경을 바라보고 계셨다. 김종원 선생님께서도 곧장 필자가 드린 술잔의 절반을 비우셨다. 주변 선배 영화평론가분들로부터 '김종원 선생님은 약주를 하지 않으시는 분'이라는 고급정보를 한발 늦게 전달받았다. 평소에 약주를 드시지 않으신 분께서 필자가 답례로 드린 술잔을 비우신 상황이었다. 필자에게는 이 장면이 오래도록 기억에 남아 있다. 그리고 그날 선생님께서는 여러 평론가 선생님들에게 필자에 대해 과분한 덕담을 가미하시면서 소개를 해 주셨다. 그이후 김종원 선생님은 늘 필자에게 과분한 지지와 격려를 보내 주셨고 필자는 말없이 고개 숙여 감사함을 오랫동안 간직하고 있었다. 김종원 선생님께서는 부산국제영화제에 성실하게 참관을 하시고 우연히 행사장에서 뵙게 되면 늘 함박웃음으로 필자를 반겨 주시고 따뜻한 온기가 가득한 악수로 필자를 격려해 주셨다. 이 글은 그동안 선생님에 대한 보은의 차원에서 부족한 필자가 한두 줄이나마 헌사를 드려야겠다는 생각에서 출발하였다. 문학에 대한 글을 쓰지 않은 지 어느덧 스무 해가 더 지난 지금 문학에 대한 문외한이며, 시에 대한 평문이나 발문을 집필한 적이 없는 무능한 초보 필자가 주저 없이 선뜻 떠맡은 이유는 20여 년 전에 올렸던 술잔 대신 졸문 몇 줄을 선생님께 드리기 위한 작은 마음이다. 이 글이 선생님의 귀한 시의 세계에 티끌만 한 누라도 되지 않기를 바라는 마음뿐이다.

2. 영화와 시가 함께 자라는 숲

영화평론의 숲에서 아름드리 거목으로 이미 굳건히 자리하신 분이 시의 숲으로 가셔서 몇 그루 독창적인 나무를 식목하셨다. 시인 이전에 영화평론의 숲에서 오래 머무르셨기에 시의 숲에서 무성하기를 마음 졸이며 바라보게 된다. 시집에 대한 발문을 의뢰받고 오랫동안 소식이 두절된 고향 친구의 메일을 열어 보는 심정으로 조심스럽게 메일을 열어 보고 나서 분류된 작품 목록을 유심히 관찰하였다. 그리고 작품 한 편 한 편을 급작스럽게 친견하기에는 마음의 준비가 부족하여 조금 시간을 두고 기다렸다. 막차가 끊어진 정류장에서 오지 않는 다음 차를 기다린다는 기다림의 자세로 우두커니 앉아서 시를 떠올리면서 독에 묻어 둔 김장 김치가 익어갈 때까지 기다리는 주부의 심정이나 망종 때 담근 매실을 기다리는 가을날처럼 며칠을 재우고 숙성과 발효의 시간이 흐르고 나서 이른 여름 오전에 작품을 열람하였다. 영화평론가 김종원과 시인 김종원이라는 두 작가분과 동시에 대면하는 기이한 체험을 하게 되었다. 지금은 영화평론가로서 독보적인 위상을 지니고 계시지만 한때 시인으로 활동하셨다는 기록을 새삼 환기하였다. 이 시집의 시편들을 친견하고 나서 영화평론가이기 이전에 시인 김종원의 명성과 이력이 더욱 선명하게 전경에 발자국을 남기고 있다는 엄연한 사실 앞에 고개를 끄덕일 수밖에 없었다.

시인 김종원의 문명文名은 여러 분의 상찬을 통해서 거듭 확인할 수 있었다. 한국영화사가 이영일 선생님은 『영상시대의 우화』 추천사에서 "저자는 시인이요 영화평론가로서 오현고 재학 시절에 이미 학생 시집을 낼 만큼 조달하였으며 《문학예술》(1957)과 《사상계》 (1959)를 통해 시단에 등용하였다"고 시인의 이력을 밝혀 두셨다. 《문학예술》은 '시인의 역량을 재기가 곤란'하여 추천제를 실시하여 시인을 등용하던 권위 있는 잡지였다. 추천은 3회로 진행하였으며 이 잡지에 추천위원으로 활동한 시인은 청록파의 조지훈, 박목월, 박두진이 참여하여 그 권위를 더하였다. 여기서 눈여겨 볼 부분은 김종원 선생님께서는 영화평론가이기 이전에 이미 학생 시절부터 시작 활동을 하셨으며 권위 있는 문예지에 추천되어 등단한 시인의 이력이다. 이어령 전 문교부 장관도 같은 책의 추천사에서 "'시를 쓰기에는 너무나도 회화적繪畵的이고 그림을 그리기에는 지나치게 시적인 사람' 그가 바로 김종원 씨다"는 문장을 통해 시와 회화의 양편에 모두 균등한 재능을 지니고 있음을 우회적으로 상찬하고 있었다. 문단에서의 궤적은 시작 활동에서 비롯하였지만 늘 중심에는 영화평론이 자리하고 있었다는 사실도 자명한 발자취로 여겨진다. 시작 활동과 영화평론 작업을 딱히 별개의 작업으로 나누어 까다롭게 구별 짓는 것은 무의미하다. 서로 다른 장르와 영역이 서로 상충하거나 독립 분리되어 병행되기보다는 상호보완과 상호상승으로 나란히 했다는 편이 보다 더 행적을 설명하는 데 부합해 보인다. 부연하자면 시와 영화가 서로 삼투되는 풍경은 시와 영화 또는 영화와 시가 사이좋게 49대 51 정도의 황금 비율로 잘 혼재되어 조화를 이루고 있다. 이번에 상재한 시집도 맨 앞 장에 '영화에의 헌사'가 놓여 있고 맨 뒷자리에 '바다와 여행'이 배치되어 영화평론가로서의 이력과 태어나신 제주도에 대한 그리움이 처음과 끝에 자리하여 영화와 고향이 모두 균등하게 양립하고 있는 형국이다.

이 나라에선 아픈 과거도
감미로운 오늘의 이야기로 태어난다
여기에서는 어른이 되어도
여전히 철부지로 남는다.

〈시네마천국〉 중에서

시인이기 이전에 영화평론가이기에 '영화는 어디에 있는가'라는 근원적 질문을 드린다면 '아픈 과거도 감미로운 오늘의 이야기로 태어난, 어른이 되지 않고 늘 철부지 아이의 순수함을 지니고 있는 곳'이라고 답을 넌지시 제시하실 것 같다. 영화는 늘 어린 시절 혹은 어린이가 꿈꾸었던 이상향과 동의어에 가까웠다. 토토에 대한 예찬은 시적 화자가 영화와 추억을 소환하는 모습으로 눈여겨볼 만한 장면이다. 토토가 이탈리아의 어린 영화광을 대표한다면 작가인 시적 화자는 제주도에서 토토와 같은 심정으로 영화를 수용하고 영화와 관계를 맺으신 것 같다. 이와 같은 정황은 "불야성처럼/ 눈부신/ 유채꽃 섬 마루,/ 철조망 듯치고 들어간/ 슬픈 활동사진이여."라는 구절로 새삼 확인된다. 시적 화자가 늘 동경하고 있는 유년 시절은 영화와 때묻지 않은 만남과 추억의 시간이 가지런하게 무의식의 심층에 놓여 있다. 시적 화자는 영화와 과거 앞에 늘 철부지로 머문다.

영화의 장면이 평론의 그물과 언어로 건조하게 채집되지 않으며, 시인의 시선으로 여과된 언어 예술의 어장으로 이사한 장면이 드문드문 눈에 띈다. 프랑스의 누벨 이마주 세대를 풍미했던 레오 카락스가 한국 관객에게 강한 인상을 심어 주었던 〈퐁네프의 연인들〉(1992)은 〈미셸을 위한 사랑의 변주곡〉으로 등장한다. 이 시편은 영화평론은 후경으로 물러나고 전경에 감상평이 시어로 번역되고 순화되어 옮겨져 있다.

당신이 사랑하는 그대
내가 열망하는 당신을 위해서만
혼절하리.
우리들 서로를 위해서만
심연의 춤을 추리
지금은 나락도 두렵지 않은
축배의 시간
지상의 어떤 것과도 바꿀 수 없는
그대의 한쪽 눈이 되어
불꽃으로 터지리.
　　　　　　　　〈미셸을 위한 사랑의 변주곡〉 중에서

　퐁네프 다리는 센 강을 가로지르며 놓여 있는 수많은 교량 중의 하나이다. 이곳에서 시력을 잃어 가는 미셸(줄리트 비노쉬 분)과 알렉스(드니 라방 분)가 만나서 불꽃처럼 사랑을 한다. 두 사람이 서로 나누었던 사랑의 시간은 "지금은 나락도 두렵지 않은/ 축배의 시간"으로 강렬하게 표현된다. 마지막 장면에서 모래 채취선을 타고 두 남녀는 아틀란티스라는 미지의 고장으로 향한다. 마지막 장면에서 보여 준 주인공들의 격렬한 환희는 "댄 상처는 여태 아물지 않았지만/ 닻 내릴 여로의 끝/ 그 축복의 항구에는 언제 닿는가./ 발가벗고도 부끄럽지 않은 나라/ 눈부신 우리들의 아틀란티스는/ 이제 얼마 남았는가/ 세상의 갖은 시름 뱃머리에 거두어/ 깃발처럼 날리며 떠나는/ 해질녘 모래 채취선"으로 이상향에 대한 동경으로 확산된다. 사랑은 현재와 삶을 유토피아로 만든다. 유토피아는 어디에도 없는 곳을 염두에 둔 토마스 모어의 개념이라고 한다. 하지만 미지의 세계는 늘 유토피아의 다른 이름이며 아틀란티스에 대한 기대는 바로 유토피아, 사랑의 이상향에 대한 두 인물의 기대이자 영화가 세상을 향해 내던지는 복음에 가깝다. 시인은 이상향을 바로 '발가벗고도 부끄럽지 않은 나라/ 눈부신 우리들의 아틀란티스'로 제시하면서 유토피아를 천국의 이웃으로 옮겨 놓았다.

영화는 작품에 대한 시적 소환에서 더 확장되어 영화인에 대한 추모와 헌사로 한 걸음 한 걸음 보폭을 넓혀 간다. 한국영화인에 대한 추도와 배우에 대한 헌사는 시의 풍경에 고즈넉하게 자리 잡고 있다. 〈오발탄〉의 유현목 감독 추모는 '이미 역사가 된 감독에게'를 통해 이루어진다. 시적 화자는 유현목 감독의 영화 세계 속으로 감독이 당도한 것으로 상상하여 추모의 마음을 보내 드린다.

그 세상은 분단이 없는 곳.
'오발탄'의 고달픈 가장처럼
대학병원에 갈까, 치과에 갈까

더 이상 망설이지 않아도 되는 곳.
'잉여인간'의 생선장수 아낙네처럼
동태에 바람을 불어 넣지 않아도 되는 곳.
'순교자'의 신 목사처럼 모질게
신앙을 시험받지 않아도 되는 곳.
〈이미 역사가 된 당신 -유현목 감독님을 보내며-〉 중에서

홍성기 감독에 대한 추모시도 유현목 감독의 추도사에 버금가게 감독의 약력과 작품에 대한 따뜻한 비평적 찬사와 함축적 작가론으로 수렴된다.

비록 스무 해 전 '내가 버린 여자 2'로
사실상 현장에서 떠난 셈이지만
당신이 세상에 남긴 자취는
한국영화사에 기록될 천만 근의 무게였습니다.

40년대엔 '여성일기'에서 첫 색채영화의 시도를,
50년대는 '산 넘어 바다 건너'를 통한
최초의 방송드라마의 영화화를,
60년대에 들어서면서는 '길은 멀어도'로
최초의 이탈리아, 프랑스 로케 촬영을 단행하여

선험적 의지로 우뚝 설 수 있었던

검증받은 상표
영화전성기의 멜로 드라마의 표상이여
실낙원의 별이여
〈사라진 실낙원의 별 -홍성기 감독의 영전에-〉 중에서

배우 신성일의 추모사는 가장 최근에 집필된 시이다. 신성일에 대한 추모도 모두 영화가 중심이 되어 배우 신성일의 발자취를 한층 환기하는 섬세한 배려를 잊지 않고 있다.

부유한 여대생을 사랑했으나
더불어 죽어야 했던 젊은 날의 분신
허름한 달구지에 실려 가는 눈 쌓인 광야에서
볏단 사이로 드러난 초라한 모습 가리려
자신의 신발 벗어 신겨준 맨발 청춘의 의리
트위스트 김은 잘 있던가요?

낙엽 지는 창경원 벤치에서
사흘을 십년의 무게로 쌓은 만추의 언약
그때 당신들의 버버리 코트는 참으로 멋있었지.
하지만 당신이 문정숙과 지키지 못한 사랑이
허언이 아니었음을 말할 기회를 늦게나마
갖게 됐으니 얼마나 다행스런 일입니까.
〈천상의 신 형에게〉 중에서

신성일은 1960년대 〈맨발의 청춘〉으로 한국의 대표적 스타의 반열에 오른다. 시적 화자는 배우 신성일을 영화 〈맨발의 청춘〉이 항구적으로 존재하는 영화의 시간 속으로 환송한다. 또한 1960년대 한국영화의 백미로 평가받은 이만희의 〈만추〉 세계로 배우 신성일이 귀환하는 것으로 추모한다. 화자는 배우와 감독의 죽음을 죽음으로 수용하지 않고 영화의 세계로 되돌아가는 것으로 시적 형상화한다. 인간은 죽어서 피안으로 돌아가거나 하늘의 부름에 응답(소천)한다면 배우는 세상을 벗어나면 아름다운 영화의 세상으로 귀환한다는 예술적이면서 영화적 상상력이 추도시에 함축되어 있다. 배우와 영화인은 모두 아름다운 영화의 세계로 귀환하는 것이 시적 화자의 소망이며 시적 화자의 영화에 대한 애정과 항구적 지지의 태도가 우회적으로 배어 있다. 신성일의 추모사가 죽음에 대한 추도였다면 살아서 활동하는 배우 고두심에 지지는 무한한 격려로 점철되어있다.

어지러운 뭍의 하늘 아래 살아도
마음속엔 늘 제주 바다 출렁인 가슴앓이였어라.
제하나 잘못된 행동거지 제주 사람 허물 될까봐
조심조심 앞뒤 살피며 살아온 분바른 삼십년 인생.
그대 자랑스런 이 시대의 광대여.
〈섬을 넘어 뭍에 떠오른 이 시대의 광대
-고두심의 연기생활 30년을 기리며-〉 중에서

배우 고두심과 김종원 선생님은 제주도 동향 영화인으로 긴밀한

유대를 지니고 계셨다. 배우 고두심이 김종원 선생님의 칠순 잔치에 참석하여 자리를 빛내 주었던 기억이 난다. 두 분은 아마 제주도 출신 영화인이라는 지연적 유대감으로 인해 각별한 우정을 나누셨던 것으로 기억된다. 필자도 청소년 시절부터 고두심의 연기와 연기자 고두심에 대한 지지를 보내고 있었던 참이었다. 김종원 선생님의 칠순 잔치에서 김종원 선생님의 소개로 필자는 배우 고두심께 반갑게 인사를 드리고 민망하지만 책에 사인도 받았던 적도 있다. 이때 만났던 배우 고두심은 표정도 자세도 모두 단정한 인상을 주었다. 평소의 김종원 선생님께서도 말씀하실 때 한 음절 한 음절을 또박또박 발음하시고 한 문장 한 문장에 의미를 정확하게 새기시면서 유창하게 이야기를 이끌고 가시면서도 흐트러짐 없는 단정함을 유지하셨다. 제주도라는 지연이 두 분의 1차 공통분모라면 두 분의 유대를 보다 돈독하게 한 이면은 단정한 삶의 자세이신 것 같았다. 시인의 단정함은 시어의 정결함과 명징함을 낳게 한다. 그리고 삶에 대한 태도의 올곧은 모습으로 이어지는 뿌리가 되기도 한다.

3. 살아온 삶과 장소에 물든 추억의 창문

　시인 황동규는 열두 권 이상 시집을 상재한 시인이다. 그는 2000년에 스스로 마지막 시집이 될 수도 있다고 예견한 시집 『오늘 하루만이라도』를 펴냈다. 그 시집에 수록된 〈오늘 하루만이라도〉에 묘사된 아래 구절은 눈길을 오래 머물게 한다.

그의 발걸음이 몇 층 위로 오르길 기다려
오늘 하루만이라도
내 집 8층까지 오르는 층계 일곱을
라벨 「볼레로」가 악기로 바꿔가며 반복을 춤추게 하듯
한 층은 활기차게 한 층은 살금살금, 한 층은 숨죽이고 한 층은 흥얼흥얼
발걸음 바꿔가며 올라가보자.

 이 시는 화자인 시인이 사는 아파트 엘리베이터가 고장이 나서 수리하는 동안 계단을 통해 8층까지 오르는 체험을 시로 승화하였다. 화자는 계단을 오르다가 위층 사는 남자와 인사를 하면서 발걸음을 옮기는 행위를 춤을 추고 활기차게 오르고 싶다고 노래하면서 현재 처한 상황을 극복하려는 노년의 정신적 태도를 경쾌하게 드러낸다. 1938년생 황동규 시인은 노년의 시간을 "'앞서간 삶보다 뒤에 남은 삶이 더 버겁습니다'"는 뼈아픈 현실로 수긍하고 이를 극복하기 위한 시적 상상을 고요히 읊조린다. 노년의 화자가 자신의 삶을 돌아보는 것은 김종원 선생님의 시에서도 종종 발견된다. 인생이라는 시에는 화자의 인생론이 오롯이 담겨 있다. "인생은/ 무언가 찾다가/ 조용히 떠날 뿐"(《인생》 중에서). 이 구절에는 시인의 인생론과 삶의 태도가 암시되어 있다. 이어서 화자는 문득 노년의 자신을 냉정하게 성찰하는 쓸쓸함을 내비치기도 한다. 때로는 노년의 시절에 대한 아쉬움의 마음을 끝내 지우지 못해 진솔한 토로를 남겨 놓기도 한다. "어느새 늙어버린 내가/ 낯선 섬처럼/ 혼자/ 목욕탕에 앉아있다."(《거울》 중에서). 시적 화자는 목욕탕에서 낯선 섬처럼 혼자 있는 자

신을 거울을 통해 바라본다. 지나온 시간이 흘러가고 다가올 시간이 풍부하지 않은 노년의 정류장에 앉아 있는 자신을 물끄러미 자각한다. 노년의 화자가 현재의 시간에서 과거와 미래로 확장하도록 이끌게 하는 상황이다. 과거는 이때 추억의 이름으로, 노스탤지어의 손수건을 흔들면서 빈번하게 당도한다. 과거는 고향의 장소에 뿌리를 깊게 내리고 있는 구체적인 이미지다. 노년의 화자는 현재라는 의자에 앉아 과거를 소환하고 있으며 과거의 아름답고 애달픈 추억은 현재의 시간을 더 애틋하게 한 원인이자 매개물이 되고 있다. 언술하기에 조심스럽지만 '지나간 시간과 시절이 다시 올 수 없다는 사실 앞에서 노스탤지어'가 깃발을 흔들고 있다. 오래 묵은 노스탤지어의 창고에서 하나하나 추억의 다발을 꺼내고 있는 상황을 자주 목도할 수 있다.

부푼 꿈 학원 시절
남문통 고개 그 눈높이 바다에서 불어와
청솔가지 무성한 중학교 삼학년 교실
그득 설레게 한 동부두의 뱃고동.

〈예순 번째 여는 세상〉 중에서

손을 뻗으면 발아래 잡힐 것 같은 탱자나무골
허물어지다 만 오현단 성터 돌담에 걸터앉아
백일장 시 몽당연필로 다듬어 쓰던
나의 오현고등학교 시절

친구여, 사춘기 그때 겁없는 여드름 동기생
신임 교사 별명 짓고 신명나 킬킬거리던
악동 얄개들
누가 타임머신이라도 타고 날아가서
고스란히 담아다 줄 수 있다면 얼마나 좋을까
〈친구여, 어느새 우리에게 가을이〉 중에서

  화자는 중학교 삼 학년 교실에서 나직하게 들리는 동부두의 뱃고동 소리를 듣고 있다. 그리고 "백일장 시 몽당연필로 다듬어 쓰던 오현고등학교 시절"을 떠올리면서 '타임머신을 타고 날아가서 그 시절을 담아다 줄 수 있다면 얼마나 좋을까'라는 염원의 한 자락을 못내 내비치고 만다. 과거의 시절은 모두 아름다운 노스탤지어가 되어 시적 화자의 마음을 흔들고 있다. 시적 화자는 노년의 자리에 앉아 있지만, 마음은 이미 중학교 삼 학년과 오현고등학교 시절의 청소년기에 침잠되어 있다. 과거의 아름다운 추억은 간혹 환상으로 색칠되기도 한다. 환상의 영역으로 배치된 과거는 온전히 차지할 수 없어서 그 틈이 주는 아쉬움에 늘 곁을 내준다. 고향과 친구는 늘 과거를 연결하는 다리이며 과거의 시간이 회상의 이름으로 되돌아오는 매개물이다. 고향과 친구는 다시 돌아가고 싶은 그리움이 묻은 추억과 다시 반복할 수 없는 시간이 만들어 낸 환상의 이름으로만 되새겨볼 수 있으므로 '줄넘기 고무줄, 어릴 적 여자친구를 만날 수 있는 옛집의 풍경' 이미지를 수놓게 된다.

어쩌다 고향 찾는 날
너무 변해버린 옛집 주변 괜히 서성거리다가
어디선가 뛰쳐나온 어릴 적 여자친구 반갑게 만나
오래전 뺏어 달아난 줄넘기 고무줄 넘겨주고
쓸쓸히 돌아서던 먹구슬 나무 동네
바람도 꺾이어 돌아 나오던
무근성 막다른 환상의 골목이여.

〈친구여, 어느새 우리에게 가을이〉 중에서

  고향이 노스탤지어로 반추되는 것은 화자가 노년의 의자에 앉아 있기 때문이다. 청년의 화자라면 다시 복원 가능한 추억이 자리한 곳이 고향이며 유년의 화자에게는 이미 그곳에 존재하는 현재진행형으로 삶의 추억을 새기는 장소가 고향이다. 노년의 화자이기에 기억의 다리 저편에 있는 고향을 애절하게 불러 세우거나 추억의 이름으로 색칠한 사건을 반추한다. 고향은 이미 노스탤지어의 원형이다. 고향이 과거로 되돌아가는 출구라면 미래의 시간은 구체적으로 명시되지 않지만 인간으로 태어난 이상 누구나 당도해야 할 그곳으로 출항하기 전의 마음이 놓여 있다. 노년의 화자에게 과거의 방향에는 고향이 있으며 미래의 방향에는 인연의 동아줄이 삭아진 이후의 시간이 놓여 있다. 〈이승에 머무는 동안〉에는 노년의 화자가 현재의 시간과 삶을 어떻게 고결하게 지나가야 하는가에 대한 정결한 마음이 담겨 있다.

그대여
세상에 살아 있는 동안
이승에서 맺은 인연의 동아줄
다 삭아지기 전에
섭섭했던 일
미처 지우지 못한 다툼의 찌꺼기
다 털어내고
좋았던 일들만 기억하기로 하자
팔십 중반에 이른 망각의 세월 앞에서
내가 바라는 것은 이 일 하나뿐.

〈이승에 머무는 동안〉 중에서

 이 시에서 화자는 다시 한 번 이곳에서의 삶과 시간을 어떻게 아름답게 채색할 것인가를 사유한다. 유미주의적 삶의 미학을 실천하려는 올곧은 태도와 의지가 시어에 단단하게 배어난다. 결연한 의지는 '다툼의 찌꺼기 털어내고 좋았던 일만 기억하기로 하자'로 집약된다. 김종원 선생님은 화자를 통해 당신의 노년과 이 생과의 깊은 관계를 어떻게 유지할 것인가에 대한 시적 응답을 넌지시 암시한다. 그것은 우회하지 않고 아주 명징하게 기술된다. 화자는 다짐한다. "미처 지우지 못한 다툼의 찌꺼기/ 다 털어내고/ 좋았던 일들만 기억하기로 하자". 갈등과 다툼을 모두 해소하고 아름다운 기억을 간직하는 것이 화자가 남은 노년의 시간을 충만하게 보내야 하는 이유이자 다짐이며 시인의 가을날 계곡물 같은 고결함이 각인된다.

다른 시편에는 시인의 삶과 살았던 장소에 대한 기억도 주렁주렁 걸려 있다. 김종원 선생님은 지금은 성남시 분당구에 살고 계시지만 이곳으로 이사하기 전까지는 은평구 신사동에 거주하셨다. 신사동에 대한 기억은 시편에 드문드문 엿보인다.

출가한 외동딸 신행 다녀간
가슴 아린 신사동
백삼십 번지 골목길
백색 승용차에 실려간 그날의 별똥별
〈별똥 일기〉 중에서

예전에는 고개 위 성당 옆에
신달자 시인도 살았고
한때 모신 최창봉 선생 댁도 있는
동네라고 했었는데
〈신사동〉 중에서

　김종원 선생님께서 영화평론가로 활동하시던 시절에 거주하셨던 은평구 신사동 십삼 번지에는 하늘의 별을 고요히 조망할 수 있는 정취와 정감이 가득한 장소였다. 강북의 신사동은 한국 문단을 대표하는 시인과 고명한 인사들이 함께 거주하셨던 한국예술사에서 기려야 할 지역이었다. 신사동에 대한 장소감은 외동딸이 신행으로 다녀간 가족사가 오롯이 새겨진 때 묻지 않은 기억의 성소가 자리하며 이런 연유로 시적 화자는 시 구절과 시어로 아름다운 추억을 소환하고 거듭 반추하고 있다. 이곳은 "글 빚에 쫓기는 날에는/ 상념의 들판을 떠돌다가/ 잠결에도 글을 쓴다"는 영화평론가로서 살아왔던 개인사의 편린도 곳곳에 떨어져 있는 삶의 단층이 형성된 성소에 가깝다. 화자에게 태어난 제주도와 살아온 서울 신사동의 장소와 기억은 '좋았던 일들만 기억하기로' 다짐할 때 가장 앞자리에 서 있을 수밖에 없다. 바슐라르가 오두막 창가의 불빛이 유년의 추억을 따뜻하게 비춘다고 할 때 시인에게 제주도와 신사동은 삶의 따뜻한 시간이 번지는 창문의 창호지와 같고 우묵하게 들어가 있는 아름다운 시간이 퇴적된 기억의 보물 창고의 다른 이름이다. 소년 김종원은 그 장소에서 오래 숙성되고 있는 자신의 정서와 삶의 무늬를 시어로 채색하는 작품에 배열하고 있는 자화상에 가까운 시를 직조한다. 시인은 이 장소의 향기와 색 그리고 거기에 걸맞는 소년의 마음을 다시 불러내어 모국어로 노래한다. 그 노래는 한국인의 삶과 마모되지 않은 소년의 마음을 지상에 산포하여 보편의 지점과 어울리게 한다. 그리고 삶과 기억의 사이에 존재하는 예술의 여백을 넓혀 간다. 이 여백이 바로 시와 영화의 숲에 은밀하게 마련해 둔 시인 김종원의 고유한 정원의 주소지인 것 같다. 시인 김종원은 시와 영화라는 여백에 정신의 별장을 마련하여 세상과 왕래하고 있었던 것 같다. 여기서 시인 김종원이 세상과 맺는 관계의 건강성과 얼굴에 가득한 미소의 기원을 발견할 수 있다.

시네마천국

ⓒ김종원, 2023
초판 1쇄 발행 2023년 10월 30일

지은이 | 김종원
펴낸이 | 한상언
기획 | 김명우
디자인 | 이슬웅
삽화 | 한은경
발행처 | 한상언영화연구소
출판신고 | 2018년 5월 18일 (제399-2018-000046호)
주소 | 경기도 남양주시 다산중앙로19번길 21, F1030호
전화 | 010-5532-2866
이메일 | didas@naver.com

ISBN 979-11-964100-7-0(03680)

정가 10,000원

이 책은 저작권법에 따라 보호받는 저작물이므로 무단 전재와 무단 복제를 금합니다.
잘못 만들어진 책은 구입하신 서점에서 교환해 드립니다.